ANNE
ROUMANOFF

DIVORCÉE ET JOYEUSE !

ou comment survivre au divorce

cherche midi

Ouvrage réalisé sous la direction de Jean-Louis Festjens
Illustrations : mayfaitdesgribouillis
Direction artistique : François Plassat

Vous pouvez consulter notre catalogue général
et l'annonce de nos prochaines parutions sur notre site :
www.cherche-midi.com

30, place d'Italie
75013 Paris

Dépôt légal : novembre 2019
ISBN : 978-2-7491-6219-5

DIVORCÉE ET JOYEUSE !

Pour toi, ...

Ce petit livre pour t'expliquer
que le divorce n'est pas forcément un drame
dans la vie d'une femme.
Bien sûr, tu vas sûrement encore pas mal pleurer
mais un jour, tu verras,
c'est sûr, tu finiras par rigoler de tout ça.

Ça y est !

Vous êtes en train de vous séparer de l'ex-amour de votre vie.

Vous regardiez les autres couples se déchirer en pensant que ça ne vous arriverait jamais puisque vous, vous étiez mariée pour le meilleur et pour le pire et que vous en étiez sûre, vous alliez arriver à faire rimer « amour » avec « toujours ».

Mais voilà, votre vie se trouve soudain complètement chamboulée. Du jour au lendemain, vous perdez tous vos repères et les habitudes qui construisaient votre existence. Soucis financiers, déménagement, nouvelle organisation matérielle, garde des enfants, avocat, lettres recommandées… Bienvenue dans le monde merveilleux de la femme divorcée !

Pourtant, le divorce n'est pas seulement un échec, ça peut être aussi l'occasion d'une véritable renaissance.

Après le chantier, la reconstruction ; après le fracas, la paix ; après l'angoisse, la sérénité ; après la peur, le plaisir.

Le divorce peut vous permettre de renouer avec une personne formidable que vous aviez perdue de vue pendant toutes ces années en couple : vous-même.

1 LE CHOC DE LA SÉPARATION

Vous avez pris la décision de vous séparer ? Maintenant il va falloir l'annoncer à vos proches et affronter les remarques plus ou moins encourageantes de votre entourage.

“Rien ne sert
de s’engueuler,
il faut savoir
divorcer à point.”

Les symptômes d'un couple en bout de course

Petit retour en arrière : au fond, pourquoi avez-vous divorcé ? Était-ce visible ? Était-ce prévisible ?

1. Avant, le matin, il nous apportait le petit-déjeuner au lit, maintenant, quand il nous adresse la parole avant 8 heures du matin, c'est pour demander : « Quand est-ce que tu vas racheter des capsules de café ? »

2. Le dimanche après-midi, il nous proposait une sieste érotique, maintenant, il pratique la sieste aéronautique : il ronfle en faisant le bruit d'un avion à réaction.

La sieste aéronautique

3. Il est toujours plein d'attentions. Tous les soirs, vers 19 heures, il nous envoie un texto plein d'amour : « On mange quoi ? », puis à 19 h 15 : « Tu t'es pas foulée. »

4. Le soir, quand il glissait la clé dans la porte, on avait une petite boule dans le ventre, maintenant, on a juste les boules.

5. Avant, il nous regardait d'un air énamouré, maintenant, quand il nous voit, il lève les yeux au ciel et il soupire.

6. Il sait trouver des mots délicats pour parler de nous à la serveuse du restaurant : « Elle est tout le temps au régime et pourtant, regardez, ça ne marche pas du tout. »

Les couples malheureux qui restent ensemble, c'est quoi l'idée ?

« Je n'ai pas assez souffert, je vais souffrir encore une dizaine d'années de plus ! »

Comment annoncer son divorce

Vous allez divorcer, c'est entendu. Mais, en dehors de vous-même et de votre futur ex, les autres – votre famille, vos amis – ne le savent pas encore... Voici quelques idées pour annoncer votre divorce à vos proches.

Comme un faire-part de naissance

AGNÈS ET ANTOINE
ONT LA GRANDE JOIE DE VOUS ANNONCER
LA NAISSANCE DE LEUR :

Liberté retrouvée

QUI A EU LIEU LE
15 décembre 2019

APRÈS PLUSIEURS MOIS DE DISCUSSION ACHARNÉE
LORS DE LA SIGNATURE D'UN CONSENTEMENT MUTUEL.

Les nouveaux divorcés sont appauvris mais soulagés.
Cagnotte d'aide à l'achat de nouveaux meubles disponible sur
KissKissBankBank.

Comme une annonce sur le boncoin

Rechercher | Mes recherches | Mes favoris | Messages | Se connecter

Vends homme d'occasion,

**utilisé vingt-cinq ans mais en bon état,
dimensions : 1,75 mètre, 80 kg, taille XXL,
chevelure clairsemée mais encore fournie,
rides d'expression apparentes,
bonne culture générale,
érections de qualité surtout le matin,
consomme 2 500 calories et 1/2 litre de vin par jour.**

Cédé, cause urgence, au prix exceptionnel de 5000 euros avec voiture diesel, télécommande greffée à la main et valise de vêtements incluses.

Encore sous garantie jusqu'en 2021 : contrôle technique médical récent (léger excès de cholestérol et gamma-GT à surveiller).

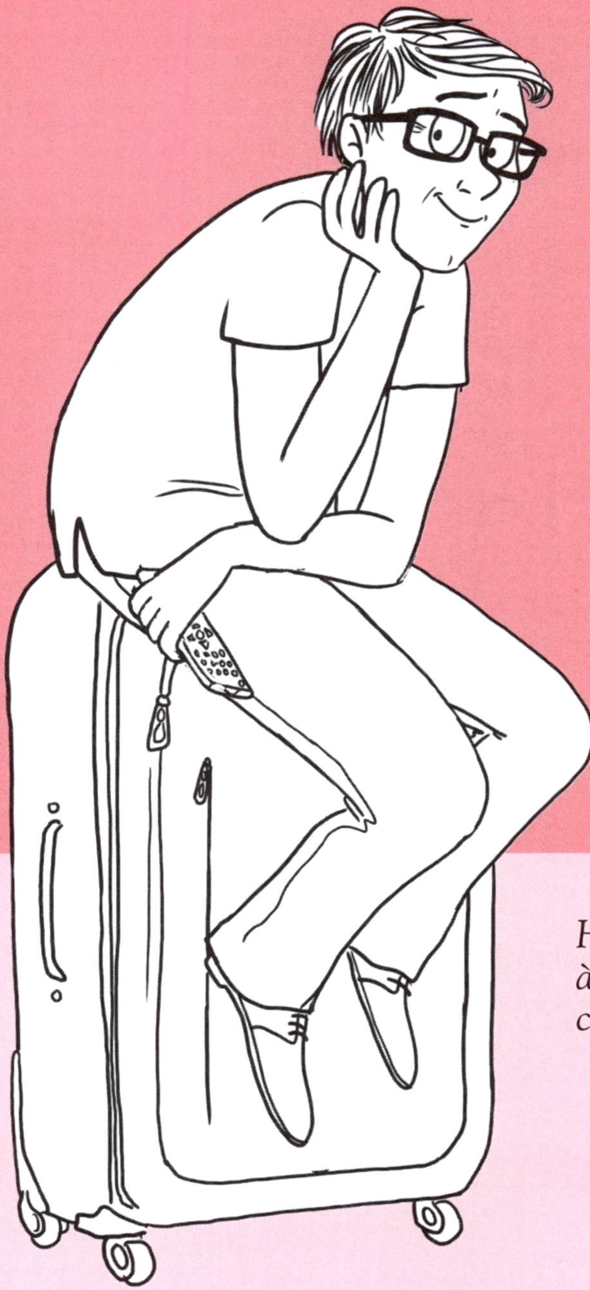

*Homme d'occasion
à céder urgent,
cause séparation*

Comme un faire-part de deuil

Agnès et Antoine
ont la tristesse de vous faire part de la disparition
prématurée de :

Leur couple

après seulement cinq ans de mariage et huit ans
de vie commune, des suites d'un grand manque
d'attentions réciproques, après de nombreuses
disputes fatigantes et sans issue, et une longue
période d'indifférence généralisée contre laquelle
ils se sont battus très mollement.

Ni félicitations ni reproches.

Liste de cadeaux de divorce disponible sur Amazon.
Envoyez vos invitations à dîner à :
Agnes1@gmail.com ou à Antoine7@gmail.com

LE
MARIAGE
d'AGNÈS
&
ANTOINE
1999 - 2019

Love Boat

Comme un bulletin météo

En raison du réchauffement climatique
qui a provoqué la fonte prématurée de leur amour,
après avoir traversé plusieurs tempêtes et orages
conjugaux, abondamment arrosés de larmes
et de cris, malgré une accalmie provisoire
grâce à l'arrivée de leur dernier bébé,
Agnès et Antoine
en raison d'un violent tsunami suite
à la découverte de tromperies réciproques,
ont décidé de partir à la découverte
d'autres horizons, en espérant que cette séparation
leur permettra de bénéficier enfin
d'un climat tempéré plus propice à la sérénité
de leurs relations.

Parler de sa rupture

**Oui, car malheureusement il va falloir en parler.
Tout le temps. Beaucoup. Longtemps. À des tas de gens.
Autant mettre au point vos « éléments de langage ».**

En la minimisant

– On fait un petit break de quelques jours…
… six mois… un an.

• • •

En se mettant en valeur

– On s'est séparés d'un commun accord…
Enfin, c'est surtout lui qui était d'accord.

En expliquant

– On se comprenait à demi-mot, du coup, on n'avait plus besoin de se parler, mais quand on a voulu échanger, on s'est aperçus qu'on n'avait plus rien à se dire.

◆◆◆

En enrobant les choses

– On a longtemps été deux mais ça faisait un moment que je ne faisais plus un avec ma moitié, surtout depuis qu'il y avait un troisième tiers.

◆◆◆

En disant la vérité

– On ne pouvait plus se supporter.

◆◆◆

En disant vraiment la vérité

– On ne pouvait plus du tout se supporter.

Kit de survie pour femme divorcée

Le divorce est une épreuve qui va secouer et pas qu'un peu, voici de quoi vous aurez besoin pour traverser cette tempête.

- ☑ Une palette entière de Kleenex.
- ☑ Des boules Quies pour ne pas entendre les réflexions désagréables de votre famille.
- ☑ Des lunettes de soleil pour qu'on ne voit pas que vous avez pleuré.
- ☑ Du mascara waterproof pour éviter de ressembler à un panda quand vous aurez pleuré.
- ☑ Du magnésium pour rester zen avant et après le rendez-vous avec l'avocat.

Kit de survie pour femme divorcée

- ☑ Une boîte de chocolats pour amadouer votre conseiller bancaire.
- ☑ Et du chocolat pour vous calmer les nerfs après le rendez-vous avec votre conseiller bancaire.
- ☑ De la nouvelle lingerie pour vous préparer à votre nouvelle vie.
- ☑ Des chewing-gums à la menthe forte pour avoir une bonne haleine en toutes circonstances.
- ☑ Les coordonnées d'une voyante d'une voyante parce que vous aurez souvent besoin qu'on vous dise que bientôt, ça ira un peu moins mal.
- ☑ Une tisane « Nuit calme » pour arrêter de vous réveiller en sursaut en pensant à vos soucis financiers.
- ☑ Un Smartphone pour installer des applis de rencontre et recevoir les textos de vos futurs amoureux.

Les commentaires sur la rupture et ce qu'on peut y répondre

Quand vous annoncez votre séparation, tout le monde tient absolument à vous donner son avis. Voici quelques phrases pour vous aider à clouer le bec de ceux qui se mêlent de ce qui ne les regarde pas.

– Ça ne doit pas être évident d'arriver à se reconstruire après toutes ces années !
– *Pourquoi, j'ai l'air en travaux ?*

– Sans indiscrétion, pourquoi vous vous êtes séparés ?
– *Sans indiscrétion, ça ne te regarde pas.*

– À ton âge, ça va pas être évident de se recaser.
– *Je ne suis pas une valise dans un compartiment à bagages !*

– On sait ce qu'on quitte, on ne sait pas ce qu'on trouve.
– *Justement, je sais ce que je quitte et je vais essayer de me retrouver.*

– Je ne comprends pas, vous aviez l'air tellement heureux.
– *On avait l'air…*

– Ne t'inquiète pas, tu vas rebondir.
– *Je ne suis pas une balle de ping-pong !*

– Moi, je ne l'ai jamais vraiment aimé, mais bon, comme je suis délicate, je n'ai jamais rien laissé paraître.
– (Soupir.) *Merci, maman.*

– Je connais un très bon thérapeute conjugal, si tu veux.
– *Là, j'aurais surtout besoin d'un bon avocat.*

2

LES AMIS, LES AVOCATS, LES PSYS...

**Même si vous n'avez rien demandé, tout le monde se mêle de votre divorce. Les avocats, les psys, les amis, la famille... On vous abreuve de conseils en tout genre plus ou moins judicieux.
À vous de les écouter...
Ou pas...**

“Divorcer, c’est comme être dans une machine à laver en position essorage, on en ressort lessivé, rincé et à sec.”

Ce qu'on raconte de notre rupture à nos amis

Nos amis sont les premiers témoins des soubresauts de notre couple, sauf que ce qu'on leur raconte change au fil du temps...

Septembre : C'est un peu chaud entre lui et moi en ce moment. On n'arrête pas de s'engueuler. On fait un petit break, enfin, il est parti.

Octobre : Tu n'aurais pas une boîte de mouchoirs ? Je n'arrête pas de pleurer. Non, il n'a personne d'autre dans sa vie, enfin, pour l'instant.

Novembre : Tu ne connaîtrais pas un bon avocat ? On divorce.

Décembre : Je ressens un grand vide, c'est terrible, je n'ai plus personne à qui faire des reproches.

Janvier : Tu dois absolument me faire une attestation contre lui. Choisis. C'est lui ou moi.

Février : C'est génial, je sors, je vois du monde, je respire, je suis vraiment bien toute seule. En fait, j'essaie de m'étourdir pour oublier à quel point j'ai mal.

Mars : Ah oui ? Tu l'as croisée, sa nouvelle copine ? Tu ne la trouves pas un peu ordinaire ? Non, mais c'est vrai, objectivement, elle ne ressemble à rien !

Avril : Non, non, moi, je n'ai personne en vue, c'est trop tôt, je n'ai pas du tout la tête à ça. Enfin, je me suis quand même inscrite sur Tinder.

Mai : Merci pour l'attestation, dis donc, tu l'as soigné, bien fait !

Juin : J'ai rencontré quelqu'un mais je n'ai pas envie d'en parler. Surtout, je ne le connais pas bien, on a juste couché ensemble une fois.

Juillet : Tu vois, c'est quand même le père de mes enfants, ça crée des liens indéfectibles. Le mec que j'avais rencontré ? Non, c'est fini, on n'avait rien en commun.

Août : Tiens, au fait, on passe une semaine de vacances tous ensemble pour faire plaisir aux enfants.

Septembre : Je t'ai pas dit ? On s'est réconciliés… Ah, au fait, désolée, mais il ne veut plus te voir. C'est à cause de ton attestation.

Quand un couple d'amis se sépare, si l'on prend parti pour l'un ou l'autre, on perd un ami. S'ils se remettent ensemble, on perd deux amis.

Les différents types d'avocats spécialisés en divorce

Les avocats sont un peu comme les fruits du même nom, il y en a des trop durs, il y en a des trop mous, il y en a des un peu pourris... C'est peut-être pour ça qu'on a parfois envie de les transformer en guacamole.

L'avocat belliqueux

Sa phrase préférée : « On va se battre, on va le saigner, ne vous inquiétez pas. »
Ce que ça veut dire : « Ça va être long, ça va être cher, vous avez du souci à vous faire. »
Sa devise : « Le divorce, c'est une guerre, et pour gagner la bataille, faut avoir des munitions et sortir l'artillerie lourde. »

On va le saigner !

L'avocat pacifiste

Sa phrase préférée : « On va essayer de calmer le jeu, je vais appeler mon confrère pour en discuter. »

Ce que ça veut dire : « Je vais me mettre d'accord avec l'avocat de la partie adverse qui est un ami, vous obtiendrez beaucoup moins que ce que vous vouliez mais ça ne durera pas cent dix ans. »

Sa devise : « Un arrangement médiocre vaut mieux qu'un long divorce. »

Le ténor du barreau

Sa phrase préférée : « Normalement je ne fais pas les divorces, je fais une exception pour vous. C'est mon collaborateur qui suivra l'affaire, moi, je superviserai. »
Ce que ça veut dire : « Il fera tout le boulot à ma place mais c'est moi qui vous facturerai les honoraires. »
Sa devise : « Un avocat de ma qualité, ça n'a pas de prix, appelle vite ta banque pour demander un crédit. »

L'avocat démotivé

Sa phrase préférée : « Malheureusement, ce que vous me racontez, c'est très, très banal. »
Ce que ça veut dire : « Je rêvais d'être un grand pénaliste, je n'en peux plus de ces histoires d'adultère mais je ne sais faire que ça. »
Sa devise : « Est-ce que vous pouvez répéter ce que vous venez de me raconter ? Je pensais à autre chose. »

Très cher divorce

Dans un divorce, on peut perdre ses illusions, son sommeil, sa santé, ses économies, sa maison, ses amis, ses meubles et surtout beaucoup, beaucoup d'argent.

L'amour rend aveugle, la pension alimentaire rend la vue.

La liberté n'a pas de prix
mais le divorce, ça coûte quand même cher.

Le divorce, c'est comme un problème de CM2.

Divisez par deux l'ensemble de vos biens, soustrayez ensuite les frais d'avocat tout en additionnant les ennuis.
Réduisez votre surface habitable par trois, ajoutez trois mois de chèques de caution pour louer un appartement seule.
Déduisez la part supplémentaire des impôts, calculez le coût des pensions alimentaires non payées et calculez combien il vous manquera à la fin de chaque mois pour boucler votre budget.

Dans un divorce, tu as celui qui pense qu'on lui prend tout et celui qui croit qu'on ne lui donne rien.

Les inégalités hommes-femmes devant la séparation

On a beau être au XXIe siècle, le regard est souvent plus indulgent sur l'homme divorcé que sur la femme séparée. Voici quelques-unes des remarques qu'on aimerait vraiment ne plus entendre...

Quand un homme divorce

– On va l'inviter à dîner et lui présenter des copines. Écoute, il a eu raison de partir, il n'en pouvait plus de sa femme. Je ne me fais pas de soucis pour lui, charmant comme il est, il ne devrait pas rester seul longtemps. C'est un bel homme pour son âge. Oui, il a une petite brioche et des rides au coin des yeux mais c'est attendrissant.

Quand une femme divorce

– Elle est complètement folle de quitter son mari. Oui, il est pénible, mais elle, ça n'est pas un cadeau non plus. À son âge, ça ne va pas être évident de retrouver quelqu'un. Faudrait qu'elle maigrisse et qu'elle se fasse des injections, sinon elle est mal barrée. Ah non, non, on ne l'invite pas à dîner, pitié. Une femme seule, ça va plomber l'ambiance.

Sur un séducteur

– Ah bon, il a encore changé de copine ? Oh, écoute, il a bien raison d'en profiter. Quel Casanova quand même ! C'est pas sa faute s'il plaît autant. Il rêve de se stabiliser mais il n'y arrive pas, il est tellement sollicité.

Sur une séductrice

– Elle a encore un nouveau mec ? C'est une vraie mante religieuse, cette fille, on pourra dire qu'elle en aura déroulé, du câble. Elle est quand même très instable sentimentalement. Elle est complètement nympho, en même temps, ça ne m'étonne pas, elle n'est pas très difficile.

La loi de l'offre et de la demande

On a quelqu'un à te présenter : les plans pourris de tes amis

Nos amis sont souvent pleins de bonne volonté. Ils n'aiment pas nous voir seule et tiennent absolument à nous présenter leurs amis, enfin, leurs amis disponibles...

L'homme à rénover

– Il faut qu'on te présente Jean-Paul ! C'est un mec génial ! Il a un très bel appartement, il a plein d'amis, il a un superboulot, il gagne très bien sa vie, il fait beaucoup de sport…
– Pourquoi il est tout seul alors ?
– Ben, Jean-Paul, si tu veux… c'est quelqu'un qui n'a pas encore complètement trouvé son style,

Il suffit parfois juste de faire un peu de « homme staging »

que ce soit au niveau vestimentaire, capillaire et surtout dentaire. C'est un bon produit mais il y a des travaux de rénovation à prévoir, en fait… Jean-Paul, faut faire un peu de *homme staging* mais avec un peu d'imagination, tu pourras complètement te projeter à l'intérieur…

L'homme riche intérieurement

– Faut que je te présente Roland, 63 ans, sa start-up vient de couler. Il a 2 millions de dettes, trois pensions alimentaires. Non, mais tu verras, c'est un homme très riche… intérieurement.

L'homme idéal

– Je regarde ce que j'ai en catalogue : un queutard, un dépressif, un mou du genou, mon oncle alcoolique, mon cousin au chômage… Ah, si, j'ai un mec génial, beau, sympa, riche, intelligent. Ah, mince, j'ai oublié, il n'aime que les filles de 25 ans…

L'homme de confiance

– Comment te dire ? C'est un homme que je connais depuis que je suis toute petite. Il a pas mal cavalé mais là, je sais qu'il a envie de se poser auprès d'une femme plus jeune, comme toi. Tiens, le voilà ! Papa, on est là !

Quand une amie
t'organise un rendez-vous
avec son père…

Chacun a son point de vue sur la séparation

Si l'on dit : *« Ce salaud m'a quittée ! »*

Le psy interroge : « Qu'est-ce que cet événement réactive chez vous exactement ? Une blessure d'abandon, de trahison ou de rejet ? »

L'avocat demande : « Est-ce que vous êtes allée au commissariat pour faire constater l'abandon du domicile conjugal ? »

La voyante rassure : « Bientôt, vous allez rencontrer quelqu'un de bien, mais pas tout de suite, et il voudra revenir mais vous n'en voudrez plus. Quand ? Ça, je vois

pas bien les dates. Je dirais bientôt mais pas tout de suite. Ça sera en septembre mais vous dire quelle année, je ne sais pas. Ça fera 100 euros. »

Les amis disent : « Il avait peut-être quand même ses raisons. »

Votre mère remarque : « Bon débarras ! »

Si l'on dit : *« Il est très malheureux depuis que je l'ai quitté, je suis inquiète pour lui. »*

Le psy interroge : « Pourquoi toujours chez vous ce sentiment de culpabilité ? Pourquoi vous sentir responsable du bonheur ou du malheur de cet homme avec qui vous ne vivez plus ? »

L'avocat demande : « Quoi qu'il en soit, on lui demande 200 000 euros de prestation compensatoire, les bons sentiments n'ont rien à faire là-dedans. »

La voyante rassure : « Il est dans une mauvaise passe actuellement mais il va rencontrer quelqu'un assez rapidement. Quand ? Je peux pas vous dire exactement la date mais, à ce moment-là, je vous garantis qu'il ira beaucoup mieux. Oui, toujours 100 euros. »

Les amis disent : « C'est vrai que je l'ai croisé l'autre jour et il avait mauvaise mine, mais n'oublie pas que si tu as fait ça, c'est que tu avais tes raisons. »

Votre mère remarque : « C'est parce qu'il ne s'est pas encore aperçu que c'est une vraie bénédiction d'être débarrassé de toi. »

Le fait que vous soyez mal en étant mariée ne veut pas dire que vous irez mieux en étant divorcée. Aller moins mal c'est déjà bien, vous me suivez bien ou vous me comprenez mal ?

Si l'on dit : *« Depuis ma séparation, je ne rencontre que des mecs nazes. »*

Le psy interroge : « Pourquoi pensez-vous qu'il faut absolument que vous soyez en couple pour être sereine ? »

L'avocat conseille : « Tant que le divorce n'est pas prononcé, je vous conseille de rester discrète sur une éventuelle nouvelle relation. »

La voyante rassure : « Vous allez bientôt rencontrer la bonne personne. Quand ? Quand je dis bientôt, ça peut être aussi bien un mois, un an ou trois ans. Par contre, les 100 euros, c'est tout de suite. »

Les amis disent : « Tu es peut-être un peu trop exigeante. »

Votre mère remarque : « À ton âge, on n'a plus vraiment de genre d'homme, on choisit parmi ceux qui sont d'accord. »

En couple, on connaissait la solitude à deux, quand on divorce, on découvre la solitude toute seule.

La solitude toute seule, c'est pareil que la solitude à deux, sauf qu'on n'a plus personne à qui faire des reproches.

3

MON EX ET MOI

Quelle que soit votre bonne volonté réciproque, vous verrez que ça prend toujours un peu de temps avant d'arriver à avoir des relations à peu près apaisées avec son ex.

“Se séparer avec amour, c’est difficile. Quand il y a de l’amour, on ne se sépare pas.”

Ce que la manière de parler de votre ex révèle de votre relation

Vous l'appeliez « mon chéri », « mon amour », maintenant, quand vous l'évoquez, vous dites « mon ex » avec une tendresse toute relative. Bref, tout dépend à quel stade de digestion de la rupture vous en êtes.

Rupture qu'on a vraiment du mal à avaler

– Ça, c'est une photo de **mon mec** et moi quand on était heureux ensemble, avant qu'il se barre avec la pétasse.

– C'est **mon mari**, enfin, il ne veut plus que je l'appelle comme ça. C'est… c'est mon futur ex-mari.

Rupture qui reste sur l'estomac

– Lui ? C'est **un gros connard pervers narcissique manipulateur bipolaire et égocentrique.**

Rupture digérée

– **Le père de mes enfants** ou **les pères de mes enfants** [selon le nombre de géniteurs].
– **Mon ex.**
– **Un de mes ex.**

Quand un homme dit : « La mère des enfants »,
il est en train de draguer.

Quand un homme dit : « Mon amoureuse »,
il ne parle pas de sa femme.

Quand un homme dit : « La salope »,
c'est qu'il vient de réaliser combien ça allait lui coûter de quitter la mère de ses enfants pour son amoureuse.

Les délicates relations avec notre ex

Le problème quand on se sépare, c'est qu'on est parfois amenés à se revoir et même à se parler. Et là...

Quand on était ensemble, tout juste si mon mari m'envoyait des textos.
Maintenant qu'on est séparés, il n'arrête pas de m'écrire tout le temps, des longues lettres… recommandées.

J'ai déjeuné avec mon ex-mari, je lui ai dit : « On va essayer de ne plus se faire de reproches pendant une heure. »
Il m'a répondu : « D'accord… Mais de quoi on va parler ? »

Quand on est en train de divorcer, on reçoit beaucoup, beaucoup, beaucoup de lettres recommandées

Mon ex m'a appelée hier soir, il m'a dit :
– J'avais juste envie d'entendre ta voix.
J'ai répondu :
– Tu ne l'as pas assez entendue ma voix depuis vingt ans ?
Tu m'excuses, je ne suis pas toute seule.
J'ai raccroché, j'ai éteint la télé…

Ce que l'on raconte sur notre ex et la vérité

Vous faites beaucoup d'efforts pour parler en bien de votre ex mais la vérité, c'est que vous n'en pensez pas moins. Décryptage.

Ce que l'on raconte	La vérité
– On s'entend tellement bien depuis qu'on n'est plus ensemble !	– Il ne faut pas qu'on se voie plus de dix minutes, sinon ça part en live.
– Je suis très heureuse qu'il ait enfin réussi à rencontrer une femme qui le supporte.	– Je suis allée regarder son profil sur Facebook, elle est beaucoup moins jolie que moi, puis elle est un peu refaite de partout.

Ce que l'on raconte	La vérité
– Je ne le critique jamais devant les enfants, d'ailleurs, je leur dis souvent : « Votre papa est un homme merveilleux ! »	– Si leur enfoiré de père me donnait plus d'argent, on pourrait partir en vacances dans un endroit sympa.
– Je suis tellement heureuse d'être enfin débarrassée de lui !	– Parfois, il me manque tellement.
– Mon avocate voulait le plumer mais j'ai refusé, c'est quand même le père de mes enfants.	– On l'a fait cracher au bassinet, bien fait pour sa gueule !
– Je vis dans un appartement plus petit qu'avant mais je suis tellement bien sans lui.	– Je n'en peux plus de dormir toute seule sur le canapé-lit de mon deux pièces.

Mon ex et sa nouvelle compagne

Vous avez beau être de bonne composition, la nouvelle copine de votre ex n'est pas près de devenir la vôtre.

Mon ex, je l'ai formé sur vingt ans, il sait tout faire cet homme-là : nettoyer les sanitaires, accrocher des étagères, faire durer les préliminaires…
Sa nouvelle copine devrait me verser des dommages et intérêts pour la formation qu'il a reçue.

Je suis heureuse qu'il ait retrouvé quelqu'un mais j'ai quand même envie d'envoyer une lettre anonyme à sa nouvelle copine.

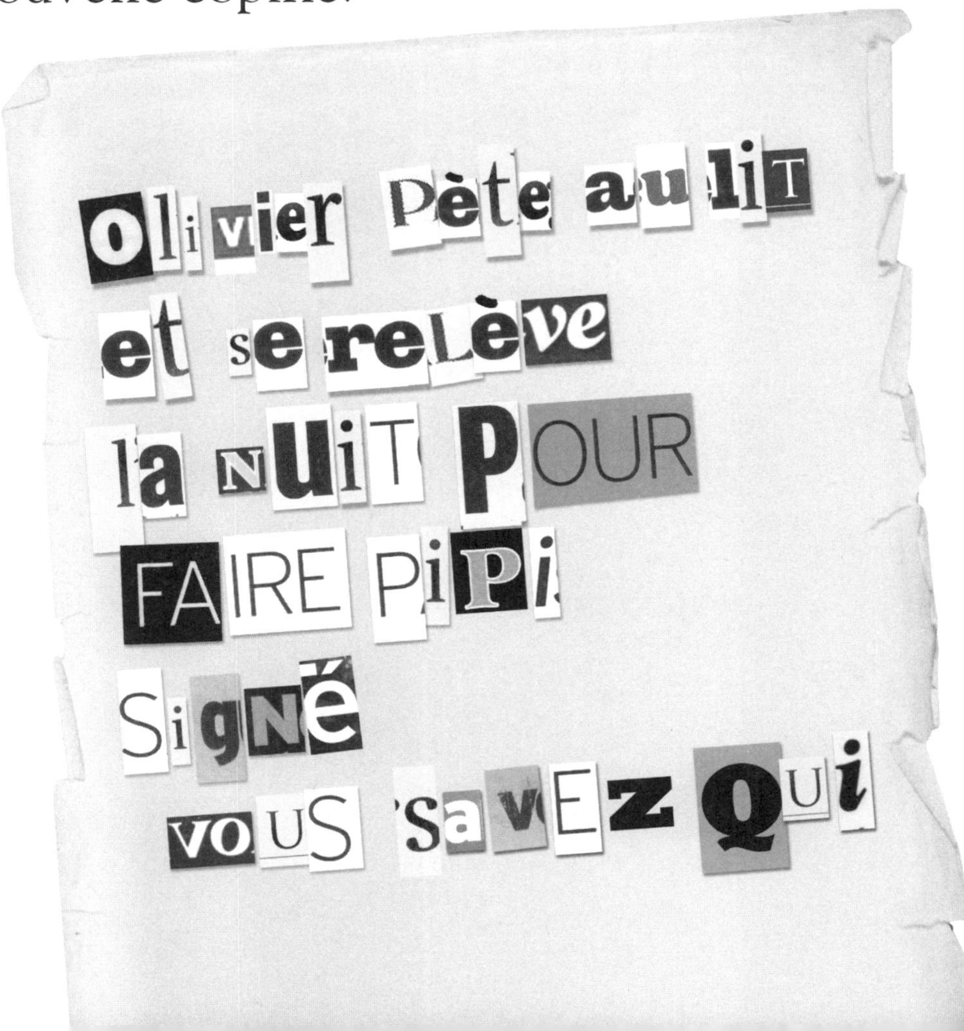

Le slam
des femmes
divorcées

Nous, les ex-femmes mariées,
pendant des années, on a tout donné
pour que notre famille
ne parte pas en vrille.
On s'est levées tôt,
on a fait des abdos,
on a assuré au boulot,
on s'est pomponnées,
on s'est ennuyées devant la télé,
on a éduqué les enfants,
on a supporté ses parents,
on a atténué les conflits de la family,
tout en assurant au lit !
Alors laissez-moi vous expliquer
que maintenant on a juste envie de profiter,
savourer, respirer,
notre liberté retrouvée.
Et que le prochain mec qui va se pointer,
faudra pas qu'il nous fasse chier !

4

SE RETROUVER SUR LE MARCHÉ

« Se retrouver sur le marché », l'expression n'est pas très glamour, pourtant, c'est la réalité. Il faut apprendre à se vendre, faire le tri entre les acheteurs potentiels et surtout, comme dans un marché, il y a la loi de l'offre et de la demande.

“Lors d’un premier rendez-vous, si tu dis : « Je suis une femme formidable », ça fait *too much*… Mais si tu annonces : « Je suis parfois très chiante », c’est inutile, le monsieur, il s’en apercevra le moment venu.”

Décrypter les profils sur les sites de rencontre

Des milliers de possibilités...

Quand on se retrouve célibataire après de longues années passées en couple, les sites de rencontre sont un passage presque obligé. Encore faut-il savoir lire entre les lignes de profils qui, comment dire, ne correspondent pas toujours à la réalité.

Le profil : épicurien cherche femme sensuelle pour relation sans prise de tête.

La réalité : alcoolique cherche bon coup pour aventure sans lendemain.

• • •

Le profil : célibataire géographique disponible du lundi au jeudi.

La réalité : homme marié qui rentre le week-end en province.

• • •

Le profil : à la recherche de moments intenses hors du temps.

La réalité : je vous propose un 5 à 7 dans le Formule 1 de la zone industrielle.

• • •

Le profil : *carpe diem*.

La réalité : je ne parle pas latin, j'ai recopié ça sur Internet. *Carpe diem*, je crois que ça veut dire « On baise et on verra bien ».

Grand blessé de la vie amoureuse

Le profil : grand blessé de la vie amoureuse.

La réalité : je cherche une infirmière, psy, aide-soignante pour soigner mes bobos parce que les femmes ont vraiment été trop trop méchantes avec moi.

• • •

Le profil : le romantisme n'est pas mort, je n'en cherche qu'une.

La réalité : je suis inscrit depuis 2006, je n'en cherche qu'une mais, en attendant, je veux bien en essayer plusieurs.

• • •

Le profil : blonde, brune, grande, petite, mince, ronde… Je n'ai pas de critère physique bien défini, tout dépendra du feeling qu'il y aura entre nous.

La réalité : j'ai faim !

Donc, en bref...

42 ans *= 50 ans*
1,80 mètre *= 1,75 mètre*
Cheveux très courts *= chauve*
Préférence pour une femme mince et sportive *= allergique aux bourrelets*
Homme libre de son temps *= chômeur*
J'aime faire la fête *= j'adore picoler*
Homme de caractère *= invivable et colérique*
Doux, tendre et sensible *= mou et indécis*
Nouveau sur ce site *= j'ai déjà testé tous les autres*
Passionné par les sports de raquette *= regarde Roland-Garros*
Petites rondeurs *= obèse*
Ouvert d'esprit *= rêve d'aller dans un club échangiste*
Amateur de jeux à plusieurs *= va dans un club échangiste*
Homme généreux cherche sa belle *= cherche femme vénale et bien foutue, si possible plus jeune*
Entrepreneur *= maçon*
Artiste *= intermittent fauché avec beaucoup de temps libre pour draguer sur les sites*

Se retrouver sur le marché

— Fable avec fruits et légumes —

Sur le marché…
Je me suis demandée si je n'étais pas un peu blette.
Je me suis dit : « Je ne vais quand même pas faire
confiance au premier concombre qui passe,
ça serait trop bête. »
En plus, je n'ai pas envie d'attraper des champignons,
pas question de me faire biner sans filet de protection,
surtout que je me suis aperçue qu'il fallait essayer
plusieurs jardiniers,
avant d'en trouver un qui sache vraiment bien te cultiver.
Il y a celui qui a le melon mais qui a un tout petit haricot,
celui qui a un cœur d'artichaut,
qui te promet que tu es la seule, il te jure,

mais qui t'en fait voir des vertes et des pas mûres !
Celui qui a soi-disant beaucoup d'oseille
mais qui n'a jamais un radis sur lui.
Celui qui a l'air tout mignon, tout doux,
mais qui très vite te prend le chou,
parce qu'il est très, très jaloux.
Tu as celui qui te casse les noisettes
parce qu'il a un petit pois dans la tête…
Et tout à coup, il y en a un, tu ne peux pas expliquer pourquoi,
tu as la banane dès que tu le vois.
Dès qu'il ramène sa fraise, il te donne la pêche.
Celui-là tu lui dis : « Écoute, je ne vais pas te raconter de salades !
J'ai les seins en poire, le cœur en compote,
les cuisses en peau d'orange et les fesses en guacamole.
Mais avec moi, tu seras aux petits oignons,
promis, je ne te prendrai pas le citron.
Commençons par un baiser à la framboise.
Puis tu me caresseras les abricots,
tu m'effleureras la myrtille
et je m'occuperai de ton poireau. »

Elle est belle, elle est belle ma quadra ! Elle demande qu'à se faire assaisonner avant d'être complètement cuite ! Elle est moelleuse de partout, 60 kg déclarés, 65 kg réels !
FEMMES DISPONIBLES
49 ans
45 ans
48 ans
40 ans
49 ans
42 ans
Oui monsieur, on a de la trentenaire, mais c'est plus cher !

Les photos sur les sites de rencontre

Sur les sites de rencontre, il ne faut pas seulement décrypter les annonces, il faut aussi examiner attentivement les photos. Il y en a, tu vois bien que ce n'est pas leur vraie photo et d'autres, tu vois tout de suite que c'est leur vraie photo.

Le mec qui se prend en selfie devant des casseroles
= chaque fois que tu feras cuire un œuf au plat, tu auras l'impression de passer devant le jury de « Top Chef ».

Le mec avec des lunettes de soleil = *laid, aveugle ou en couple.*

• • •

Le mec qui se photographie en K-Way à la barre d'un voilier = *tu risques de passer tes week-ends à dégobiller sur un catamaran en Bretagne.*

Cherche femme n'ayant pas le mal de mer…

Les hommes pris

Il y a ceux qui font semblant d'être libres, ceux qui ne disent pas qu'ils sont pris et ceux qui vous font croire qu'ils sont prêts à se libérer…

Moi, je n'ai jamais volé un homme qui était pris, j'ai déjà du mal à séduire un homme libre.

◆ ◆ ◆

Quand tu es divorcée, on dirait que tu fais peur aux femmes en couple.
Moi, les mecs de mes copines ne m'intéressent absolument pas, après tout ce qu'elles m'ont raconté sur eux !

Les hommes pris
ont toujours l'air mieux
que les autres...

Les mecs bien sont souvent pris,
mais les mecs pris ne sont pas toujours bien
et un mec pris qui veut te prendre,
ça n'est pas quelqu'un de bien.

Les inégalités hommes-femmes devant la séduction

En matière de séduction, un divorcé et une divorcée ne sont pas tout à fait à égalité. #Balancetespréjugés !

Un homme mûr, ça a un côté rassurant.
Une femme mûre, ça a un côté fruit pourri.

•••

D'une femme, on dit : « Elle a de beaux restes. »
D'un homme, on dit : « Il reste encore beau. »

•••

D'une femme avec des formes, on dit : « Elle se laisse aller. »
D'un homme rond, on dit : « C'est un bon vivant. »

Sur mon profil internet, j'ai mis : **« Femme, 54 ans, 1,58 mètre, 75 kg, très déçue de la vie, recherche celui qui saura lui redonner espoir en la vie, en l'amour. »** J'ai eu deux réponses : une femme et une secte.

J'ai une amie qui a marqué : **« Louve lubrique, 1,75 mètre, 58 kg, veut s'envoyer en l'air vite et bien. »** Elle a eu 700 likes.

5 NOUVELLES RENCONTRES

Quand on divorce, c'est un peu comme si on sortait de captivité, on a soif de nouvelles rencontres. Au début, c'est tout nouveau, tout beau mais très vite on déchante.

“L’avantage des hommes et des femmes d’occasion, c’est qu’on a l’expérience. On a l’expérience du couple, on ne veut plus en entendre parler.”

Première *date* : les phrases à ne pas dire

Oui, maintenant, on ne dit plus « rendez-vous amoureux », on dit *date*. Le mec arrive et c'est la catastrophe, il ne vous plaît pas, mais alors pas du tout.
Voici quelques phrases qui devraient écourter le rendez-vous.

– Ta photo de profil, elle date du Moyen Âge ?

– Je laisse mon portable allumé au cas où mon mec m'appelle.

– On partage l'addition ? 22,95 euros divisés par deux, ça fait combien ? Attends, je sors ma calculette.

– C'est charmant ton double menton.

– Je suis ballonnée, ça me fait ça dès que je dépasse trois bières.

– Dans un couple, je veux bien donner un peu mais à condition de recevoir beaucoup.

– Tu es libre ce dimanche que je te présente à ma mère ?

– J'ai l'impression qu'on s'est déjà rencontrés dans une vie antérieure, non ?

– Faut que je te montre la photo de mes trois enfants… Et devine combien il y a de pères ? Trois.

– Tu es le 73e mec que je rencontre sur cette application.

– Ah bon, tu n'as que 42 ans ? Tu fais vraiment beaucoup plus.

– J'aimerais bien me remarier tout en blanc.

– Tu me rappelles mon ex mais en plus gros.

Ce qu'un homme dit lors d'une première *date*

Lors de la première rencontre, l'homme va vous jauger, vous regarder, vous écouter, vous questionner mais surtout il va parler de lui... À vous de bien écouter pour deviner qui il est vraiment.

Ce que dit un homme

– Depuis ma rupture, je n'ai pas encore rencontré de femme avec laquelle j'aurais vraiment eu envie de m'investir.

Ce que ça veut dire

– Je saute sur tout ce qui bouge.

Ce que dit un homme

– Une carafe d'eau, ça ira. L'eau du robinet, tu sais, maintenant, c'est très contrôlé.

Ce que ça veut dire

– Je suis radin et fauché.

• • •

Ce que dit un homme

– Je souhaite une relation libre, légère, sans prise de tête.

Ce que ça veut dire

– Quand on aura couché ensemble deux ou trois fois, ne compte pas sur moi pour te recontacter.

• • •

Ce que dit un homme

– Tu aimes bien les enfants ?

Ce que ça veut dire

– J'ai deux *kids* de 5 et 7 ans en garde alternée.

Ce que dit un homme

– J'habite encore avec mon ex mais il n'y a plus rien entre nous, on est en train de se séparer.

Ce que ça veut dire

– Je suis marié.

• • •

Ce que dit un homme

– C'est la première fois que je vais sur ce site.

Ce que ça veut dire

– Je suis inscrit depuis trois ans.

• • •

Ce que dit un homme

– Bon, ben, on se donne des *news* un de ces jours.

Ce que ça veut dire

– Je n'ai pas du tout envie de te revoir.

• • •

Ce que dit un homme

– J'aime beaucoup la couleur de tes yeux.

Ce que ça veut dire

– On va chez toi ou chez moi ?

Ce qu'une femme dit lors d'une première *date*

À l'intention des lecteurs masculins, voici un petit décryptage de ce qu'une femme raconte lors d'une première date. Chut, ne le répétez pas.

Ce que dit une femme

– Ah bon, tu as trois enfants…

Ce que ça veut dire

– Ne compte pas sur moi pour jouer les baby-sitters.

Ce que dit une femme

– Pour moi, ce qui compte, c'est l'âge qu'on a dans la tête.

Ce que ça veut dire

– J'ai dix ans de plus que toi, ça te pose un problème ?

• • •

Ce que dit une femme

– Je démarre tôt demain matin.

Ce que ça veut dire

– Pas ce soir.

• • •

Ce que dit une femme

– Je tiens à ma liberté, je ne souhaite pas m'engager pour l'instant.

Ce que ça veut dire

– J'ai 37 ans et j'ai vraiment besoin de me reproduire cette année.

Ce que dit une femme

– Je sors d'une histoire vraiment compliquée.

Ce que ça veut dire

– Je vais te parler de mon ex toute la soirée.

• • •

Ce que dit une femme

– Si je comprends bien, tu n'as jamais vécu longtemps avec une femme ?

Ce que ça veut dire

– C'est quoi ton défaut caché ? T'es asocial ? bipolaire ? végan intégriste ? pervers narcissique ?

• • •

Ce que dit une femme

– Non, merci, pas de dessert, je n'ai plus faim.

Ce que ça veut dire

– Je suis au régime depuis dix ans, alors tu n'insistes pas, merci !

Ce que dit une femme

– Je vais prendre des tagliatelles au pesto.

Ce que ça veut dire

– Ça ne sera pas pour ce soir.

• • •

Ce que dit une femme

– Je préfère qu'on reste amis.

Ce que ça veut dire

– Tu ne me plais vraiment pas du tout.

Questionnaire de fiabilité lors d'une première rencontre

Nous, les femmes, lorsqu'on rencontre un homme pour la première fois, on lui fait passer une sorte d'interrogatoire, un questionnaire.
Dans notre tête, on met des notes, on compte les points, et comme on est une femme, on enrobe ça de charme.
En général, ça se passe dans un bar, il y a une petite musique douce...

– Mmmm, donc, en fait, tu as deux enfants ? D'accord… Et ton fils, il a quel âge ? 22 ans ! Aaaah, c'est bien, c'est grand ! Il doit être un peu autonome, c'est super ! **+ 1 200 points.**

– Il étudie aux États-Unis ? Oh, c'est triste, c'est loin… Tu ne dois pas le voir souvent, j'imagine ! **+ 2 300 points.**

– Et ta fille, j'ai pas compris, quel âge elle a ? 7 ans. Aaah, d'accord… Ah oui, là, pour le coup, c'est petit-petit-petit, mais j'adore les enfants, pas de souci ! **moins 3 800 points.**

– Et comment ça se passe au niveau de la garde, c'est un week-end sur… Une garde alternée ? Ah, ça, je trouve ça génial, les mecs qui assument leur paternité, moi, je dis bravo, magnifique, félicitations… **moins 5 200 points.**

– Mais il y a quand même une assez grosse différence entre tes deux enfants… C'est pas la même maman… D'accord ! Donc, en fait, deux ex, deux dates de vacances différentes, deux avocats, deux pensions alimentaires… Deux personnes susceptibles d'appeler en pleine nuit pour faire chier ! Ha, ha, ha !

moins 1 900 points.

– Tu as perdu ta maman l'année dernière ? Ça, je suis navrée pour toi. Je sais, c'est des périodes tellement difficiles, à n'importe quel âge, mais j'imagine, mais vraiment, on ne se connaissait pas, mais toutes mes condoléances, vraiment, vraiment, vraiment…

Pas de belle-mère, + 5 000 points !

– Et donc là, j'ai pas capté, ça fait combien de temps que tu es séparé de la mère de ta fille ? Trois ans déjà, d'accord ! Donc, là, t'es… Ah non, après, il y en a eu trois autres, d'accord… Ça circule, hein !

Et la dernière, c'était il y a combien de… Trois semaines, d'accord… Tu perds pas de temps !

moins 2 800 points.

– Juste pour savoir, quand tu es en couple, toi, tu es plutôt genre le mec fidèle ou fidèle-fidèle ? Ça dépend des moments ? Oh, ben oui, je suis bête… Infidèle mais sincère, bravo ! **moins 4 300 points.**

– Attends, tu m'excuses parce que j'ai des petits calculs à faire… Deux secondes, je me concentre parce que moi, je suis pas très bonne en maths… Je pose 2 et retiens 3… Deux secondes, s'il te plaît, tu ne me parles pas pendant que je calcule… 4 et 7, 8… Ah, j'ai ton score ! Désolée, tu vas quitter l'aventure !

Quelques hommes à éviter...

Il y a toutes sortes d'animaux masculins en liberté dans la jungle du Web, voici quelques spécimens à éviter quand on n'a pas envie d'avaler des couleuvres.

L'homme papillon

Il dit : « Depuis ma rupture, j'ai beaucoup butiné, j'ai pas mal papillonné. »

On a envie de lui répondre : « Pas la peine de sortir ton dard, moi, les insectes, ça me file le bourdon ! »

L'homme qui noie le poisson

Il dit : « Je suis séparé, enfin, en cours de séparation. Pour l'instant, on habite encore ensemble, le temps de vendre l'appartement. Oui, on mange ensemble, on dort ensemble mais il n'y a plus rien entre nous. On est colocataires. »

On a envie de lui répondre : « Reviens me voir dans deux ans. »

L'homme cafard

Il dit : « Ça s'est fini il y a un an, six mois, trois jours et deux heures avec mon ex. C'est pas évident de rencontrer quelqu'un d'aussi bien qu'elle. J'espère bientôt arriver à sortir la tête de l'eau. »

On a envie de lui dire : « Le plus dur-dur dans une rupture, ce sont les cinq premières années… Voici l'adresse d'un bon psy. »

L'homme lièvre

Il dit : « Depuis notre première rencontre hier soir, j'ai réfléchi, je te présente mes enfants mercredi, ma mère a très envie de te rencontrer jeudi, on dîne avec mon ex vendredi et samedi on part en week-end chez ma sœur. »

On a envie de lui répondre : « Tu ne serais pas un peu dépendant affectif ? »

L'homme tortue

Il dit : « On discute en ligne depuis trois mois, là, c'est notre quatrième rencontre, ne me bouscule pas, laisse-moi un an ou deux que je décide si on va plus loin. »

On a envie de lui dire :

6

À LA DÉCOUVERTE DES COUPLES ÉPHÉMÈRES

**Après de longues années passées en couple, on ne peut pas se lancer immédiatement dans une relation longue durée.
On a besoin d'expérimenter, de savoir ce dont on a envie, de comprendre ce que l'on ne veut plus.
Bienvenue dans le monde déstabilisant des couples éphémères !**

“Quand tu es mariée, tu comptes ta vie de couple en années. Quand tu es divorcée, tu comptes tes liaisons en mois.”

On ne dit pas « relation éphémère », on dit...

– Liaison CDD (*coup à durée déterminée*) après couple CDI (*couple à durée interminable*) ;

– Aventure d'une nuit (*même si ça ne dure que deux heures*) ;

– Rencontre *one shot* à usage unique (*comme le préservatif*) ;

– Homme Kleenex (*à jeter après usage*) ;

– Homme tremplin (*il vous saute pour qu'on puisse rebondir*) ;

– Homme de passage (*il ne fait que passer, ça tombe bien, on n'avait pas envie de le retenir*).

Dix phrases qu'on entend dans une relation éphémère

Peut-être allez-vous les entendre, peut-être allez-vous les prononcer… Ce qui est sûr, c'est qu'à un moment donné quelqu'un va les dire.

– Je ne suis pas prêt(e) à m'engager pour le moment.

• • •

– Oh non, on peut pas aller chez moi, c'est tout petit, c'est loin et j'héberge une amie depuis six mois.

« RAPPELLE-MOI TON PRÉNOM DÉJÀ. »

– Oui, oui, bien sûr, ça serait cool de partir en week-end mais c'est pas un peu prématuré ? Ça fait à peine trois mois qu'on sort ensemble.

• • •

– Je t'avais prévenu(e) que je ne voulais vraiment pas m'engager.

• • •

– Ah bon ? Je ne t'ai pas rappelé(e) depuis un mois ? Désolé(e), je n'ai pas vu le temps passer.

– Je n'ai pas du tout envie de me projeter dans une relation durable, comme ils disaient chez les Romains, *carpe diem*.

• • •

– Qu'est-ce que tu penses du polyamour ?

• • •

– Non, je ne te présente pas à mes amis. J'attends de rencontrer la bonne personne.

• • •

– Bon, ben, à un de ces jours. Merci, c'était vraiment sympa.

« REDIS-MOI TON PRÉNOM. »

« Je me souviens du jour où l'on s'est rencontrés…

Je me souviens du jour où tu m'as dit que je te plaisais…

Je me souviens du jour où l'on a couché ensemble…

Oh… c'était le même jour. »

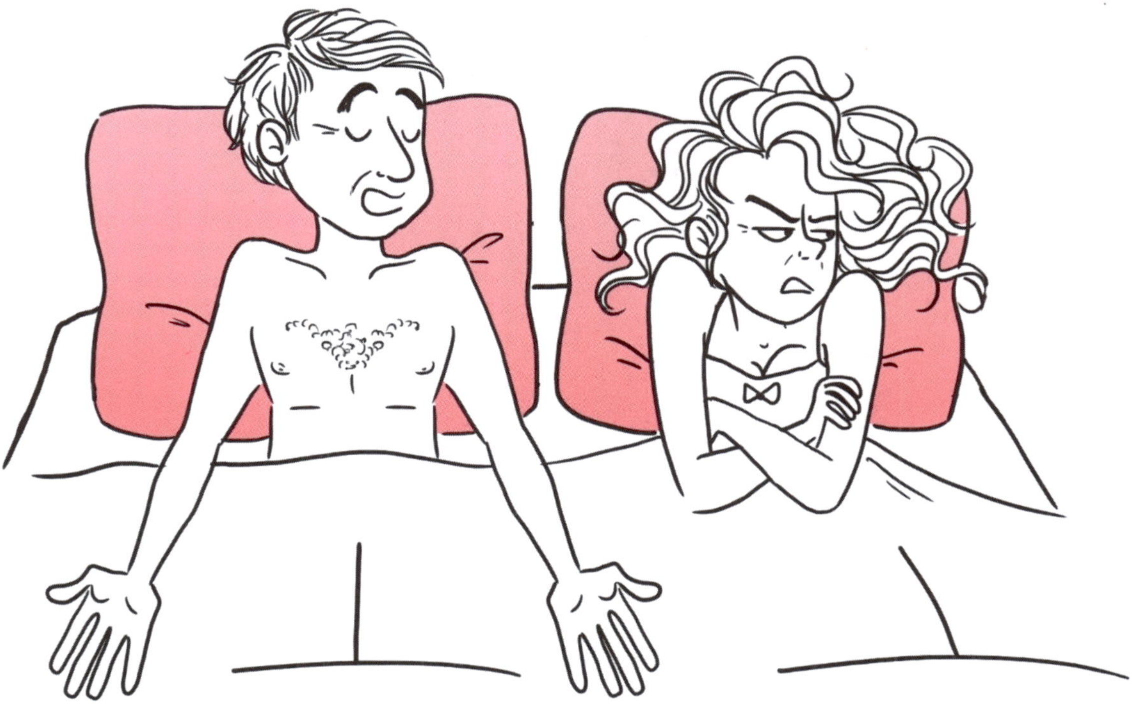

Non, on ne part pas en week-end, c'est juste une aventure sans lendemain !

Ça fait six mois que c'est une aventure sans lendemain !

Avis d'utilisatrices sur les hommes

Une relation éphémère, c'est comme un Uber, on devrait l'évaluer pour celles qui viendront après.

Comme pour une voiture

« Modèle expérimenté qui a beaucoup roulé. Un peu long au démarrage mais bonne tenue de route. A tendance à consommer un peu trop de liquide, ce qui réduit ses performances. »

• • •

« Produit haut de gamme, décoration parfaite, grand sens esthétique mais conduite hésitante avec incertitude sur la direction à prendre. »

Comme pour un hôtel

« Accueil charmant, séjour enchanteur dans un cadre idyllique mais qui s'est terminé prématurément quand je me suis aperçue que le bien était en multipropriété. »

• • •

« Établissement soi-disant de grand standing mais avec une hygiène laissant vraiment à désirer. À fuir. »

Comme pour un restaurant

« Accueil chaleureux qui fait vite oublier la petite taille et l'absence de cheveux. On s'y sent tellement bien qu'on n'a qu'une envie, y retourner vite. »

• • •

« Décevant comme un fast-food : beaucoup d'attente, servi tout ramolli, t'as encore faim après. »

Les brillantes stratégies amoureuses de nos copines

Plus nos copines ont foiré leur vie amoureuse, plus elles nous donnent des conseils pour soi-disant réussir la nôtre.

La technique du silence radio

Une amie m'a dit : « Moi, je vais te donner une technique radicale : silence radio. Tu donnes zéro nouvelle, tu le bloques sur WhatsApp, tu le supprimes de Facebook, tu bloques son numéro, tu verras : c'est radical ! »

J'ai fait ce qu'elle m'a dit, ça a été radical… J'ai eu zéro nouvelle !

La technique du silence radio

Le temps de réponse à un texto

– Tu dois attendre pour répondre à un texto le double du temps que le mec a mis pour répondre au tien.

Ben oui, mais là, je lui avais écrit il y a quatre jours, et là, il m'invite à dîner ce soir, donc si je lui réponds dans huit jours, je vais le voir dans un mois !

J'ai essayé d'être une femme mystérieuse

Il paraît que ce qui fascine les hommes, ce sont les femmes mystérieuses. Vous savez, une femme avec des grands yeux et qui ne parle pas…
Tout le contraire de moi ! J'ai des yeux de Chinoise et je parle tout le temps !
L'autre fois, j'avais rendez-vous avec un mec, je me suis dit : « Là, je vais être mystérieuse. »
Il me parlait, il me parlait et moi, pour être mystérieuse, je répondais juste : « Mmm, hmmmm… »
Au bout d'un moment, le mec m'a demandé : « Qu'est-ce qui se passe ? T'es constipée ? »

On dit :

« Suis l'homme, il te fuit, fuis l'homme, il te suit. »

Moi, déjà que les hommes ont tendance à me fuir, si, en plus, je les fuis, ils ne vont pas me courir après.

Sept phrases pour se débarrasser d'un mec après une nuit

Si vous vous réveillez dans les bras d'un inconnu et que vous n'avez qu'une envie, c'est qu'il dégage, piochez dans cette liste, c'est radical.

1. Regarde, je t'ai mis une surprise sur le fond d'écran de ton portable. Nous deux, nus.
2. Tu ne voudrais pas me faire un bébé, là, tout de suite ? Je suis en période d'ovulation.
3. Il faut absolument que je te présente à mon coach sexuel. Il va t'aider à être plus performant.

4. Mon bouledogue n'a pas l'air de t'aimer, je me fie beaucoup à son instinct.

5. Est-ce que tu es libre ce soir, que je te présente à mes grands-parents.

6. Tu sais, je ne me suis pas toujours appelée Tania. Quand j'étais petit, on m'appelait Antoine.

7. Faudrait que tu partes vite, ma compagne va rentrer et elle est ceinture noire de karaté.

Comment rompre avec délicatesse une relation éphémère

S'il n'a pas compris, s'il n'arrête pas d'appeler, s'il s'accroche, s'il vous bombarde de textos, passez à la vitesse supérieure.

– Je préfère qu'on reste amis… sur Facebook.

– Tu es un mec formidable mais je ne suis pas prête… à passer cinq minutes de plus avec toi.

– On n'est pas compatibles intellectuellement, financièrement et sexuellement.

– En numérologie, je suis en année 7, je ne peux pas m'engager. Reviens dans cinq ans.

– Tiens, je t'ai acheté du déodorant. Ça va t'aider à te reconstruire.

– Mais bien sûr, on pourra rester en contact sur les réseaux sociaux, mais pour l'instant, je te bloque partout.

7

SURVIVRE AUX RUPTURES

Vous n'y couperez pas, vous allez forcément rompre la relation éphémère qui suivra votre divorce. Parfois c'est vous qui serez à l'initiative de la rupture, parfois ça sera lui, parfois ça sera mutuel, mais quelle que soit la durée de la relation éphémère, un jour, une semaine, un mois, un an, une rupture, ça n'est jamais anodin.

“Inonde de textos
un homme,
il te fuit.
Ignore les textos
d’un homme,
il te suit.”

Les justifications des hommes pour rompre

Certains vous larguent par texto, d'autres, par mail. Les plus courageux essaient de vous expliquer le pourquoi du comment.

L'homme qui s'accuse de tous les torts

« C'est pas toi, c'est moi, je préfère te quitter plutôt que de continuer à te faire souffrir. »

• • •

L'homme flatteur

« Tu mérites tellement mieux, tu es vraiment beaucoup trop bien pour moi. »

• • •

L'homme loser dépressif

« J'ai tellement souffert avec mon ex que je ne sais plus aimer. Désolé, je crois que je ne suis pas fait pour le bonheur. »

Le chagrin d'amour,
une façon efficace d'éliminer la rétention d'eau ?

L'homme sincère

« En fait, j'ai rencontré quelqu'un d'autre, je ne sais plus trop où j'en suis. »

• • •

L'homme copain

« J'aimerais qu'on reste amis, tu seras toujours quelqu'un de spécial pour moi. Je serai toujours là pour toi, mais pour l'instant, je préfère qu'on ne s'appelle pas pendant un an ou deux. »

• • •

L'homme peureux

« Ça va beaucoup trop vite entre nous, il vaut mieux qu'on s'arrête là. Ça fait six mois et on ne s'est pas engueulés une seule fois, je ne trouve pas ça normal. »

Quand une copine débarque chez toi en pleurant

Quand ta meilleure amie a un chagrin d'amour, elle perd parfois un peu sa lucidité...

– C'est fini avec Romain…

Pourtant ça se passait tellement bien entre nous, ça faisait longtemps qu'on était ensemble…

Deux mois et demi.

On se voyait toutes les trois semaines…

On avait tellement une belle relation, il arrivait chez moi, on faisait l'amour et il repartait…

On n'a jamais eu le temps de s'engueuler !

*Quand on
a un petit peu
de mal à accepter
une séparation…*

Et puis là, regarde ce qu'il m'envoie… C'est fini : « C finit. » D'après toi, comment je dois interpréter ça ? Qu'est-ce que ça veut dire ?

– Ben, ça veut dire qu'il doit acheter un Bescherelle !

Quand on ne veut pas regarder la réalité en face, tous les mythos qu'on se raconte

Quand on tient à un mec et qu'il ne nous rappelle pas, on se raconte toutes sortes d'histoires pour ne pas regarder la réalité en face.

– Le fait qu'il ne me rappelle pas, c'est sa manière de me dire qu'il tient à moi mais qu'il a peur de ce qui se passe entre nous parce que c'est trop intense.

– C'est normal qu'il ne m'ait pas rappelée, je lui avais dit que je partais en week-end prolongé, il n'a pas voulu me déranger.

– J'espère qu'il ne lui est rien arrivé. Ça m'inquiète quand même. Il m'a dit : « Je t'appelle très vite », et là, ça fait un mois.

– Oui, il a un enfant mais ça n'est pas de sa faute, c'est sa femme, elle l'a forcé.

– On vit une belle histoire tous les deux, il est parti faire un tour du monde en voilier, il m'a promis de me recontacter à son retour, dans six mois.

– Il a été abandonné par sa mère quand il était petit, c'est pour ça qu'il a du mal à s'engager avec une femme, mais avec moi, ça va être différent.

– On a vécu un amour libre : pas de jalousie, pas de possession, une liberté totale, un respect mutuel. Il était tellement libre qu'il est parti.

– Un jour, il m'a dit qu'il m'aimait, bon, il était 3 heures du matin, il était bourré mais il me l'a dit. À mon avis, il a eu besoin de boire pour oser me dire qu'il m'aimait parce qu'il ne me l'a pas redit depuis.

Quand on se fait larguer, les cinq étapes d'une rupture

Vous allez forcément passer par là, alors autant vous préparer…

1. Le déni

– Alex ne répond plus à mes appels, ni à mes textos. Sur Facebook, il a changé son statut « En couple mais c'est compliqué » à « Célibataire ». Il va forcément changer d'avis, je vais lui manquer, c'est obligé. Lui, il me manque tellement.

2. Le chagrin

– Je pleure non-stop depuis une semaine. Tu crois qu'à force je vais éliminer toute la rétention d'eau dans mes cuisses ? Alex m'a supprimée comme amie sur Facebook, du coup, j'ai mangé un pot entier de Häagen-Dazs aux noix de macadamia.

3. La colère

– Je lui ai envoyé un texto : « Hello, ça va ? » Il ne m'a même pas répondu. C'est vraiment un salaud sans cœur ! J'ai vu une voyante qui m'a dit qu'il allait revenir mais pas tout de suite. Ça m'a coûté 120 euros.

• • •

4. L'acceptation

– Tiens, je ne t'ai pas dit ? Alex m'a envoyé un texto pour la nouvelle année, bon, c'était pas trop personnalisé, il a juste mis : « Bonne année », ça veut dire qu'il pense un peu à moi, non ? Ça fait trois mois qu'Alex m'a quittée, et aujourd'hui je suis contente, je n'ai pas pleuré.

5. La reconstruction

– Devine qui j'ai croisé dans la rue ? Alex ! Heureusement, j'étais accompagnée. Non, ça m'a rien fait du tout, enfin, ça m'a fait très plaisir qu'il voie que j'étais amoureuse. Je suis complètement détachée de lui maintenant, presque indifférente… **Bien fait pour sa gueule à ce gros connard !**

Ces phrases inefficaces pour consoler d'une rupture

Vos amis cherchent à vous consoler de votre chagrin d'amour, mais le principe d'un chagrin d'amour, justement, c'est qu'on est inconsolable. Voici les phrases que vous entendrez en boucle après une rupture.

– Un de perdu, dix de retrouvés.
Ça, ça marche seulement avec les kilos.

• • •

– Ne t'inquiète pas, c'est quand tu t'y attends le moins que tu vas rencontrer quelqu'un.
Là, je n'attends rien et je rencontre personne !

– S'il est parti, c'est que ça n'était pas le bon.
Oui, mais pour quelqu'un qui n'était pas le bon, il me faisait quand même beaucoup de bien.

◆ ◆ ◆

– Tu verras, ça va être un mal pour un bien.
Pour l'instant, j'ai surtout très mal et je ne me sens pas du tout bien.

◆ ◆ ◆

– Prends du recul. Tu ne dois pas dire : « Je me suis fait larguer » mais : « L'Univers m'envoie un message pour me faire grandir. »
Moi, avant, je disais : « J'ai encore rencontré un connard. »
Maintenant, je me dis : « J'ai rencontré un homme qui m'a fait grandir. »
Comme j'ai rencontré beaucoup, beaucoup de connards, je suis très, très grande !
Du coup, j'ai du mal à trouver un homme à ma taille !

8

ET MAINTENANT ?... LES DIX SECRETS DE LA FEMME DIVORCÉE HEUREUSE

Le temps a passé, votre divorce est acté, vous commencez à regarder tout ça avec un peu plus de sérénité, parfois vous passez même une semaine entière sans pleurer. Voici dix astuces pour être une femme divorcée épanouie.

“L’amour, ça finit souvent pareil, à deux sans rien se dire devant la télé. Moi, j’ai choisi d’être seule devant ma télé, comme ça, c’est moi qui choisis la chaîne.”

1 Avoir confiance en soi en ne perdant jamais une occasion de se faire des compliments

Après tout, qu'est-ce qui me sépare de Scarlett Johansson ? 20 centimètres en hauteur et 20 kg en largeur.

• • •

Chez moi, tout est d'origine, rien n'est refait. Je suis une femme bio… dégradable.

• • •

Je suis en couple avec mon célibat jusqu'à ce que l'amour nous sépare.

#2 Se rappeler pourquoi on est tellement heureuse de ne plus être en couple en se souvenant de toutes ces phrases qu'on n'a plus jamais envie d'entendre

– On mange quoi ?
– Tu te souviens qu'on va voir ma mère ce week-end ?
– Il y a plus de PQ, pourquoi t'as pas acheté de PQ ? C'est pas compliqué d'acheter du PQ quand il manque du PQ !
– Oh non, on ne sort pas. Je suis crevé, rincé, lessivé.
– Elle ne te boudine pas un peu cette robe ?
– Tu rentres à quelle heure ? Mais comment on va faire pour manger ?
– T'as vu dans quel état est la cuisine ?
– Oui, oui, je vais t'aider à monter l'étagère.

– *Pourquoi tu veux fêter la Saint-Valentin ? On n'est pas amoureux, on est mariés.*
– *Encore au régime !? Mais t'as perdu combien de tonnes depuis qu'on se connaît ?*
– *Pourquoi tu m'as pas attendu pour monter l'étagère ?*
– *Tu peux aller chercher ma veste au pressing ?*
– *Pourquoi t'es pas allée chercher ma veste au pressing ?*

3 Savourer les plaisirs retrouvés de la vie en solo

– Récupérer la maîtrise de la télécommande.
– Dormir en diagonale dans le lit en prenant toutes les couvertures.
– Manger au lit en faisant plein de miettes.
– Pouvoir ronfler en toute impunité, même si je tiens à préciser que ça ne m'arrive jamais.
– Ne plus avoir besoin de prévoir un repas tous les soirs pour nourrir l'homme.

Récupérer la maîtrise de la télécommande

#4 Se réjouir d'avoir l'âge qu'on a

– On a appris à rire, même quand ça ne va pas, et à ne pas trop s'emballer quand tout semble aller bien.

• • •

– On peut compter sur nous en cas de coup dur mais on ne manque jamais une occasion de s'amuser car on sait bien que la vie n'est pas éternelle.

• • •

– On s'assume comme on est avec nos rondeurs, nos douceurs, nos douleurs et notre cœur parfois un peu cabossé.

• • •

– On se moque de vouloir plaire absolument à tout le monde, on a passé l'âge.

• • •

– On a aimé, souffert, pleuré, espéré, crié, râlé, souri, transpiré, eu peur, travaillé, joui, réfléchi, savouré, quitté, été quittées, goûté aux plaisirs et aux peines de la vie, et ça nous fait des chouettes petites rides au coin des yeux.

• • •

– Dupes de rien, jamais blasées, toujours prêtes à éclater de rire ou en larmes, on se sent tout simplement terriblement vivantes.

#5 Se répéter en boucle des phrases inspirantes comme…

– Divorcer, c'est merveilleux, c'est la liberté retrouvée…
Et ne pas ajouter : Tout devient possible mais rien ne m'arrive.

• • •

– Je m'aime comme je suis…
Et penser : Oui, mais il faudrait quand même que je perde cinq kilos.

– Je me suffis à moi-même car je m'aime profondément.
Et ajouter : Mais j'aimerais bien rencontrer un mec quand même.

• • •

– Je suis bien toute seule, je suis heureuse d'être seule, je suis autonome, je n'ai besoin de personne, je m'aime et je m'apprécie comme je suis.
Et puis se connecter à Tinder pour voir si on a des messages.

• • •

– Mon mariage appartient à mon passé, j'en ai fait le deuil total et complet, j'ai pris la bonne décision, je suis heureuse, divorcée et épanouie.
Puis se connecter sur la page Facebook de son ex pour lire ses dernières publications.

@Musclor
@TendreCoeur
@Sensuel93
@BoGoss75
@RomantiK43
02:07

6 Essayer de voir les choses positivement

Ne pas dire	Dire
– C'est la fin du monde.	– C'est une renaissance.
– Je n'ai plus une thune.	– Je suis contre ce culte de la consommation à outrance.
– Je suis vieille.	– Je ne fais pas mon âge.
– Je ne rencontre que des nazes.	– Le GPS de mon Prince charmant doit être en panne.

Ne pas dire	Dire
– Je suis grosse.	– J'ai des belles courbes voluptueuses.
– Ce divorce m'a détruite.	– Je suis en pleine reconstruction.
– Trop de choses ont changé dans ma vie.	– Je suis comme un Pokémon, j'évolue.
– Parfois, le soir, je pleure toute seule dans mon lit.	– J'évacue mon chagrin petit à petit.
– J'ai perdu des couples d'amis dans la bataille.	– Je suis en train de renouveler mon cercle amical.

7 Tirer les leçons de notre précédente vie de couple

– On ne peut pas changer un homme, soit on l'accepte comme il est, soit on part.

– Aimer son partenaire, c'est s'habituer à ses défauts.

– Si on attend tout de son partenaire, on est forcément déçue.

– L'amour ne dure pas forcément toujours.

– Il n'est pas tout à fait parfait mais nous non plus.

– Trouver quelqu'un qui arrive à nous supporter longtemps, finalement, c'est un miracle.

– Parfois, c'est mieux de se taire que de déclencher un conflit nucléaire.

#8 Mettre à jour son CV sentimental

AGNÈS T...

42 ans, paraissant 38
1,65 mètre, 60 à 65 kg
selon les périodes.

À la recherche d'un CDD amoureux sur Paris. Si possible avec une période d'essai d'un mois renouvelable.

EXPÉRIENCE CONJUGALE

– 22 ans de relation dont 20 ans de vie de couple en cohabitation dans 25 m^2 (2 ans), puis 50 m^2 (3 ans), puis 80 m^2 (15 ans).

EXPÉRIENCES SEXUELLES

– 20 ans avec le même partenaire : maîtrise approfondie de plusieurs positions.

– 2 ans de relations temporaires dans le cadre d'un stage de rénovation sentimentale avec remise à niveau sexuelle :
Jérôme B…, 3 semaines, 2 jours et 10 heures.
Alexis T…, 4 mois et demi.
David S…, 8 mois et 5 jours.
Amir A…, 12 jours.
Nicolas, je ne sais plus son nom de famille, 34 minutes…

COMPÉTENCES PRATIQUES

Massages : excellent niveau, surtout pour les trapèzes.

Culinaires : compétences basiques mais bonne maîtrise du micro-ondes et d'Uber Eats.

Rangement : niveau faible, tendance bordélique.

Sociales : gestion hebdomadaire de l'agenda amical et des sorties du couple.

Ménage : remplissage du lave-vaisselle et du lave-linge.

Tri du linge : très faibles compétences en repassage.

ÉTUDES

— **Master** en relations de couple, obtenu par validation des acquis de l'expérience : écoute, empathie, animation des repas, pratique de psy en amateur pour désamorcer les conflits bénins.

— **Licence** en gestion de l'humeur du partenaire.

— **Deug** de câlins sous la couette.

#9 Savourer la délicatesse d'une relation naissante

Ce qui est bien dans une nouvelle relation, c'est que tu as passé tellement de temps à t'engueuler dans ta vie d'avant qu'avec ton nouveau partenaire tu évites scrupuleusement tous les sujets de conflit potentiel.

Moi, à chaque fois, j'ai l'impression de descendre une piste de ski en slalomant, en évitant tous les sujets d'engueulade potentielle : tu ne parles pas du couple, tu ne parles pas des ex, tu ne parles pas des enfants, tu ne parles pas d'argent, tu ne parles pas de travail, tu ne parles pas des vacances, tu ne parles pas de projet…

Au début, tu es tellement attentif à l'autre, tu veux tellement lui faire plaisir !…

Le mec te dit :
« ***Tu préfères manger italien ou japonais ?*** »
Tu dis : « ***Je préfère le japonais mais si tu veux, on va à l'italien…*** » Et le mec dit : « ***Ben non, on va au japonais !*** » Et toi : « ***Non, allons à l'italien !*** »

Résultat : tu bouffes à l'indien.

Après, tu dis : « ***J'ai froid, tu ne veux pas fermer la fenêtre ?*** » Le mec te dit : « ***Moi, j'ai un peu chaud.*** » Alors tu dis : « ***Je ne veux pas que tu aies chaud.*** » Lui, il dit : « ***Je ne veux pas que tu aies froid.*** »

Résultat : tu dors la fenêtre entrouverte, tu te les gèles toute la nuit, tu rotes du curry mais tu es contente parce que tu t'es pas engueulée !

10 Oser re-aimer

On dit parfois :
« Le mariage, c'est la routine,
le célibat, c'est l'aventure »,
mais il y a un moment
où les aventures du célibat
deviennent une routine,
et à ce moment-là
tu te dis que la vraie aventure,
c'est peut-être tout
simplement d'aimer
et d'être aimée.

Je me sens au TOP !!
Je suis TO-TALE-MENT remise !
Plus du tout accro !
BIP !
HAAAA !!
C'est lui !! Il m'a envoyé un message !!

TABLE DES MATIÈRES

Du même auteur
au cherche midi

Best of Roumanoff : pensées, répliques et anecdotes, 2015
L'Intégrale, 30 ans de scène, 2017

Chez d'autres éditeurs

Best of Roumanoff (Éditions Tut-Tut, 2017)
Normal Ier, roi des Français (L'Archipel, 2014 ; Archipoche, 2014)
La Cigale et la Fourmi (Atlas, 2013)
Le Corbeau et le Renard (Atlas, 2013)
Gaston le héron (Atlas, 2012)
Marie-Chantal la cigale et Eugénie la fourmi (Glénat, 2011)
Phildebert le lièvre et Huluberlue la tortue (Glénat, 2011)
Théo le corbeau et maître Renard (Glénat, 2011)
On ne nous dit pas tout : les chroniques de « Radio Bistrot » (Fetjaine, 2009 ; Pocket, 2012)
Portraits de femmes et d'un homme (Fetjaine, 2007 ; Pocket, 2008)
Belle, mince, sexy, et puis quoi encore ? (Hors Collection 2006 ; J'ai Lu, 2008)
Le Couple, petits délices de la vie à deux (Hors Collection, 2006 ; J'ai Lu, 2007)
Ça va être ta fête, maman ! (Hors Collection, 2005 ; J'ai Lu, 2007)
Le Guide de la belle-mère : comment la séduire ou faire avec (Albin Michel, 1993)

Achevé d'imprimé en Espagne
Code éditeur: M06219/01

MIXTE
Papier issu de sources responsables
FSC® C003309

Les papiers utilisés dans cet ouvrage
sont issus dee forêts responsablement gérées.